📖 この本のとく色と使い方

本書は，ヘボン式ローマ字を基本から学習するための練習帳です。アルファベットや簡単な単語の練習を中心に，ローマ字の特徴やきまりごとなども合わせて確認することができます。

アルファベットは，それぞれの文字に大文字と小文字があります。本書では，文字をなぞって書ける部分は少しうすい文字にしています。濃い黒い文字を見本に，上からなぞって練習してから，実際に書いてみましょう。

> ★書き出しを確かめてから，
> 見本を見て練習しよう。

✏ 大文字・小文字の書き方 ②

下の横ぼうは少し短く書きます。

F

たてぼうのはじめは丸みをもたせましょう。

f

JN022882

もくじ

💻 本書に関する最新情報は，小社ホームページにある**本書の「サポート情報」**をご覧ください。(開設していない場合もございます。)
なお，この本の内容についての責任は小社にあり，内容に関するご質問は直接小社におよせください。

ヘボン式とローマ字の主なきまり

ローマ字の書き方

　ローマ字の書き方には，主に2つの種類があります。1つ目は小学校で習う書き方で，「訓令式」といいます。2つ目は英語に近い書き方で，「ヘボン式」といいます。この本では，ヘボン式の書き方で，ローマ字を練習します。

＊訓令式とヘボン式のくわしいちがいは，4ページで勉強します。

書き方のきまり

▶アルファベット1字で表す音と，2字か3字を組み合わせて表す音があります。

①1字で表す音

あ	い	う	え	お		ん
a	i	u	e	o		n

　＊「あ(a)・い(i)・う(u)・え(e)・お(o)」の音を「母音」といいます。

②2字で表す音　れい

か	す	め	よ	び
ka	su	me	yo	bi

③3字で表す音　れい

し	つ	きゃ	りょ	ぴょ
shi	tsu	kya	ryo	pyo

　＊②や③では，母音とほかのアルファベットを組み合わせます。

▶ローマ字では，次のアルファベットは使いません。

L (l)	Q (q)	V (v)	X (x)

　れい　もぐら → × mogula　　○ mogura

▶「ん」の書き方には，特別なきまりがあります。

①あとに「b・m・p」がつづくときには，「n」ではなく，「m」で表します。

　　れい　かんばん → × kanban　　○ kamban

②あとに母音（a・i・u・e・o）や「y」がつづくときには，「'」をつけます。
　＊「'」は，「アポストロフィ」という記号です。

　　れい　konya ……「こにゃ」とも「こんや（今夜）」とも読める。

　　→ kon'ya 「こんや（今夜）」と読めるようになる。

ローマ字のつづり表（ヘボン式）

あ a	い i	う u	え e	お o			
か ka	き ki	く ku	け ke	こ ko	きゃ kya	きゅ kyu	きょ kyo
さ sa	し shi 〔si〕	す su	せ se	そ so	しゃ sha 〔sya〕	しゅ shu 〔syu〕	しょ sho 〔syo〕
た ta	ち chi 〔ti〕	っ tsu 〔tu〕	て te	と to	ちゃ cha 〔tya〕	ちゅ chu 〔tyu〕	ちょ cho 〔tyo〕
な na	に ni	ぬ nu	ね ne	の no	にゃ nya	にゅ nyu	にょ nyo
は ha	ひ hi	ふ fu 〔hu〕	へ he	ほ ho	ひゃ hya	ひゅ hyu	ひょ hyo
ま ma	み mi	む mu	め me	も mo	みゃ mya	みゅ myu	みょ myo
や ya		ゆ yu		よ yo			
ら ra	り ri	る ru	れ re	ろ ro	りゃ rya	りゅ ryu	りょ ryo
わ wa			を o	ん n			
が ga	ぎ gi	ぐ gu	げ ge	ご go	ぎゃ gya	ぎゅ gyu	ぎょ gyo
ざ za	じ ji 〔zi〕	ず zu	ぜ ze	ぞ zo	じゃ ja 〔zya〕	じゅ ju 〔zyu〕	じょ jo 〔zyo〕
だ da	ぢ ji 〔zi〕	づ zu	で de	ど do	ぢゃ ja 〔zya〕	ぢゅ ju 〔zyu〕	ぢょ jo 〔zyo〕
ば ba	び bi	ぶ bu	べ be	ぼ bo	びゃ bya	びゅ byu	びょ byo
ぱ pa	ぴ pi	ぷ pu	ぺ pe	ぽ po	ぴゃ pya	ぴゅ pyu	ぴょ pyo

※ ░░ のところがヘボン式ローマ字の特ちょうです。

〔　〕は訓令式の書き方です。

「を」は「wo」と書くこともあります。

ヘボン式と訓令式

▶ローマ字の書き方には，この本で練習する「ヘボン式」のほかに，小学校で習う「訓令式」があります。2つの書き方には，次のようなちがいがあります。

	ヘボン式	訓令式	ヘボン式のれい	訓令式のれい
し	shi	si	shiki	siki
しゃ	sha	sya	shakai	syakai
しゅ	shu	syu	shumi	syumi
しょ	sho	syo	shodô	syodô
ち	chi	ti	chiri	tiri
ちゃ	cha	tya	chairo	tyairo
ちゅ	chu	tyu	chûi	tyûi
ちょ	cho	tyo	chôri	tyôri
つ	tsu	tu	tsuru	turu
ふ	fu	hu	fuyu	huyu
じ（ぢ）	ji	zi	jiten	ziten
じゃ（ぢゃ）	ja	zya	jakuten	zyakuten
じゅ（ぢゅ）	ju	zyu	jugyô	zyugyô
じょ（ぢょ）	jo	zyo	jôken	zyôken

▶訓令式では，「ん」の音はすべて「n」で表します。

　　れい　「さんま」sanma　　「えんぴつ」enpitu

▶訓令式では，つまる音「っ」はすべて次の音を重ねて表します。

　　れい　「いっち」itti　　「まっちゃ」mattya

　　＊ヘボン式のつまる音の表し方は，32ページで学習します。

大文字　横ぼうは第2線の少し下に書きます。

A　A　A

小文字　たてぼうは長くしすぎないようにしましょう。

a　a　a

下のふくらみを上より少し大きめにしましょう。

B　B　B

たてぼうは長くしすぎないようにしましょう。

b　b　b

始点と終点の位置に注意しましょう。

C　C　C

大文字と形は同じですが，高さがちがいます。

c　c　c

右側は丸みをもたせましょう。

D　D　D

aやbとまちがえやすいので，注意しましょう。

d　d　d

書きじゅんは，本によってちがうことがあります。

E　E　E

第2線と第3線の間に書きましょう。

e　e　e

大文字・小文字の書き方 ②

下の横ぼうは少し短く書きます。

F

たてぼうのはじめは丸みをもたせましょう。

f

横ぼうとたてぼうをわすれるとCになってしまいます。

G

終わりの部分は丸みをもたせましょう。

g

書きじゅんは，本によってちがうことがあります。

H

たてぼうは第1線から書きましょう。

h

上と下の横ぼうをわすれずに書きましょう。

I

点をわすれないように注意しましょう。

i

●まちがっている大文字を3つさがしましょう。

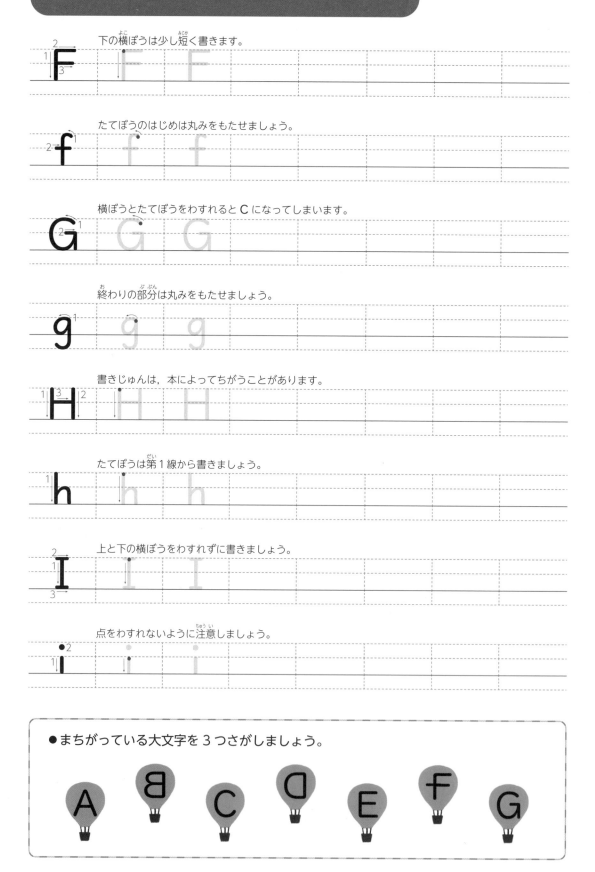

A B C D E F G

答え B，D，F

終わりの位置に注意しましょう。

J J J

点をわすれないように注意しましょう。

j j j

ななめのぼうは，つづけて書きましょう。

K K K

ななめのぼうは第2線と第3線の間に書きましょう。

k k k

書きじゅんは本によってちがうことがあります。

M M M

はばが広くなりすぎないようにしましょう。

m m m

たてぼうのかんかくに注意しましょう。

N N N

第2線から書きます。hとまちがえないようにしましょう。

n n n

書き始めの位置に注意しましょう。

O O O

大文字と形は同じですが，高さがちがいます。

o o o

Ll，Qq，Vv，Xx の文字は，ローマ字で日本語を表すときに使われないので，のせていません。

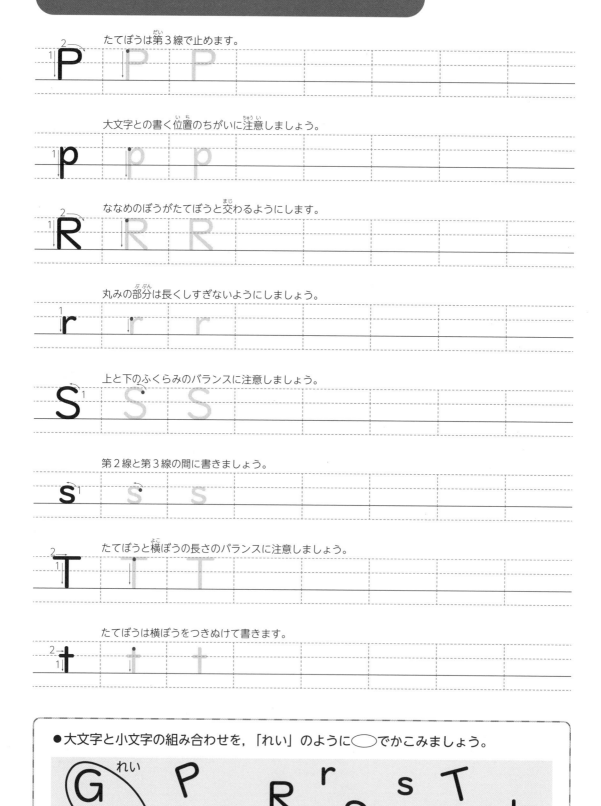

たてぼうは第3線で止めます。

大文字との書く位置のちがいに注意しましょう。

ななめのぼうがたてぼうと交わるようにします。

丸みの部分は長くしすぎないようにしましょう。

上と下のふくらみのバランスに注意しましょう。

第2線と第3線の間に書きましょう。

たてぼうと横ぼうの長さのバランスに注意しましょう。

たてぼうは横ぼうをつきぬけて書きます。

● 大文字と小文字の組み合わせを，「れい」のように ◯ でかこみましょう。

（答え）Pとp，Rとr，Sとs，Tとt

しっかりカーブさせましょう。

U U U

右側はたてぼうを書くことに注意しましょう。

u u u

書きじゅんは本によってちがうことがあります。

W W W

大文字と形は同じですが，高さがちがいます。

w w w

ななめのぼうが第2線で交わるようにしましょう。

Y Y Y

右のななめのぼうは第4線までのばします。

y y y

上の横ぼうは下と同じ長さか，少し短めにしましょう。

Z Z Z

大文字と形は同じですが，高さがちがいます。

z z z

●まちがっている小文字を1つさがしましょう。

u w y z

あ
Aa

A A
a a

ARI
ari

AHIRU
ahiru

い
Ii

I I
i i

IE
ie

INU
inu

う
Uu

U U
u u

UMI
umi

USAGI
usagi

え E e

E　E

E　e

えほん
EHON
ehon

えいが
EIGA
eiga

お O o

O　O

o　o

おに
ONI
oni

おんぷ
OMPU
ompu

「ん(n)」は，b・m・p の前では「m」で表します。

🔁 ふくしゅうしよう

AIUEOaiueo

AIUEOaiueo

か
KA ka

KA KA

ka ka

かに
KANI
kani

かさ
KASA
kasa

き
KI ki

KI KI

ki ki

きく
KIKU
kiku

きりん
KIRIN
kirin

く
KU ku

KU KU

ku ku

くま
KUMA
kuma

くすり
KUSURI
kusuri

け KE ke

KE　KE

ke　ke

けいと
KEITO
keito

けんか
KENKA
kenka

こ KO ko

KO　KO

ko　ko

こま
KOMA
koma

ことり
KOTORI
kotori

🔄 ふくしゅうしよう

KAKIKUKEKO ka ki ku ke ko

KAKIKUKEKO ka ki ku ke ko

さ
SA sa

SA
sa

さ る
SARU
saru

さ く ら
SAKURA
sakura

し
SHI shi

SHI
shi

し か
SHIKA
shika

し ろ
SHIRO
shiro

す
SU su

SU
su

す し
SUSHI
sushi

す い か
SUIKA
suika

せ
SE se

SE　SE

se　se

せみ
SEMI
semi

せんろ
SENRO
senro

そ
SO so

SO　SO

so　so

そり
SORI
sori

そら
SORA
sora

↻ ふくしゅうしよう

SA SHI SU SE SO sa shi su se so

SA SHI SU SE SO sa shi su se so

た
TA ta

TA TA

ta ta

た こ
TAKO

tako

た ま ご
TAMAGO

tamago

ち
CHI chi

CHI CHI

chi chi

ち ず
CHIZU

chizu

う ち わ
UCHIWA

uchiwa

つ
TSU tsu

TSU TSU

tsu tsu

つ り
TSURI

tsuri

つ く え
TSUKUE

tsukue

て
TE te

TE　TE
te　te

てんき
TENKI
tenki

てがみ
TEGAMI
tegami

と
TO to

TO　TO
to　to

とびら
TOBIRA
tobira

とら
TORA
tora

↻ ふくしゅうしよう

TA CHI TSU TE TO ta chi tsu te to
TA CHI TSU TE TO ta chi tsu te to

1 次の言葉をなぞって書き，読みがなをひらがなで（　）に書きましょう。

① ASHI （　　　　　）

② kaki （　　　　　）

③ ISU （　　　　　）

④ shio （　　　　　）

⑤ UTA （　　　　　）

⑥ suika （　　　　　）

⑦ EKAKI （　　　　　）

⑧ sekai （　　　　　）

⑨ OKASHI （　　　　　）

⑩ tokei （　　　　　）

2 絵に合うように，大文字を□に書きましょう。

① KA□A

② □AKO

③ SUS□I

④ I□A

2①S ②T ③H ④K

（答え）**1**①あし ②かき ③いす ④しお ⑤うた ⑥すいか ⑦えかき ⑧せかい ⑨おかし ⑩とけい

3 次の言葉をなぞって書き，2回<ruby>練習<rt>れんしゅう</rt></ruby>しましょう。

SAI

kikai

KUTSUSHITA

chikatetsu

4 絵に合うように，小文字を□に書きましょう。

① [ ]hika

② k[ ]ito

③ ta[ ]ko

④ ku[ ]hi

⑤ [ ]shi

⑥ [ ]sukue

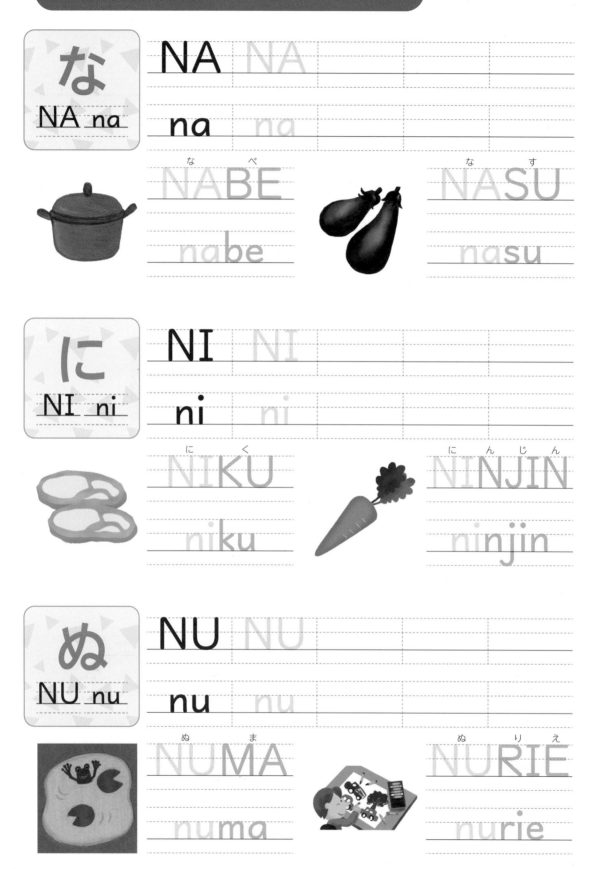

な NA na

NA NA

na na

な べ
NABE
nabe

な す
NASU
nasu

に NI ni

NI NI

ni ni

に く
NIKU
niku

に ん じ ん
NINJIN
ninjin

ぬ NU nu

NU NU

nu nu

ぬ ま
NUMA
numa

ぬ り え
NURIE
nurie

ね
NE ne

NE NE

ne ne

ね こ
NEKO
neko

ね ん ど
NENDO
nendo

の
NO no

NO NO

no no

の り
NORI
nori

き の こ
KINOKO
kinoko

↺ ふくしゅうしよう

NA NI NU NE NO na ni nu ne no

NA NI NU NE NO na ni nu ne no

は
HA ha

HA
ha

はな
HANA
hana

はり
HARI
hari

ひ
HI hi

HI
hi

ひめ
HIME
hime

ひよこ
HIYOKO
hiyoko

ふ
FU fu

FU
fu

ふね
FUNE
fune

ふぐ
FUGU
fugu

へ
HE he

HE HE

he he

へや
HEYA
heya

へび
HEBI
hebi

ほ
HO ho

HO HO

ho ho

ほし
HOSHI
hoshi

ほん
HON
hon

↻ ふくしゅうしよう

HAHIFUHEHO ha hi fu he ho

HAHIFUHEHO ha hi fu he ho

ま
MA ma

MA　MA

ma　ma

MAKURA

makura

MAME

mame

み
MI mi

MI　MI

mi　mi

MIMI

mimi

MIKAN

mikan

む
MU mu

MU　MU

mu　mu

MUSHI

mushi

MURE

mure

め
ME me

ME ME

me me

めだか
MEDAKA

medaka

めがね
MEGANE

megane

も
MO mo

MO MO

mo mo

もも
MOMO

momo

もち
MOCHI

mochi

↺ ふくしゅうしよう

MA MI MU ME MO ma mi mu me mo

MA MI MU ME MO ma mi mu me mo

ら
RA ra

RA　RA

ra　ra

らくだ
RAKUDA
rakuda

さら
SARA
sara

り
RI ri

RI　RI

ri　ri

りす
RISU
risu

りんご
RINGO
ringo

る
RU ru

RU　RU

ru　ru

ざる
ZARU
zaru

くるま
KURUMA
kuruma

れ RE re

RE RE

re re

れつ
RETSU
retsu

れんげ
RENGE
renge

ろ RO ro

RO RO

ro ro

ろば
ROBA
roba

ふろ
FURO
furo

ふくしゅうしよう

RA RI RU RE RO ra ri ru re ro

RA RI RU RE RO ra ri ru re ro

や
YA ya

YA
ya

やま
YAMA
yama

やぎ
YAGI
yagi

ゆ
YU yu

YU
yu

ゆき
YUKI
yuki

ゆみや
YUMIYA
yumiya

よ
YO yo

YO
yo

よる
YORU
yoru

よろい
YOROI
yoroi

わ
WA wa

WA　WA

wa　wa

わに
WANI
wani

わし
WASHI
washi

ん
N n

N　N

n　n

かばん
KABAN
kaban

ほんや
HON'YA
hon'ya

「ん(n)」のあとに「a・i・u・e・o」や「y」がつづくときは，間に「'」をつけます。

↺ ふくしゅうしよう

YA YU YO WA N ya yu yo wa n

YA YU YO WA N ya yu yo wa n

1　表の中のローマ字をなぞるとともに，あいているところにはローマ字を書いて，小文字のつづり表を完成させましょう。

大文字		A	I	U	E	O
	小文字	a	i	u	e	o
		あ a	い i	う u	え e	お o
K	k	か ka	き	く	け	こ
S	s	さ sa	し shi	す	せ	そ
T	t	た ta	ち chi	つ tsu	て	と
N	n	な na	に	ぬ	ね	の
H	h	は ha	ひ	ふ fu	へ	ほ
M	m	ま ma	み	む	め	も
Y	y	や ya		ゆ		よ
R	r	ら ra	り	る	れ	ろ
W	w	わ wa				(を o)
		ん n				

わからないところは，3ページの
ローマ字のつづり表を見て書こう！

2 次のローマ字をなぞり，大文字は小文字に，小文字は大文字に直しましょう。

① SAKURA ➡ _____

② EHON ➡ _____

③ seikatsu ➡ _____

④ shimauma ➡ _____

⑤ niwatori ➡ _____

3 ローマ字でしりとりをして，最後の「shiritori」までたどりつきましょう。

saifu ➡ _____

↓

_____ ← ika

↓

nakama ➡ _____

↓

shiritori ← _____

✏️ のばす音とつまる音のきまり

のばす音やつまる音の書き方には，次のようなきまりがあります。

のばす音の書き方

▶のばす音は，母音の上に「＾」または「￣」をつけて表します。

　　れい　おねえさん → <u>onêsan</u>　（onēsan）

　　　　　　おにいさん → <u>onîsan</u>　（onīsan）

　　　　　　やきゅうじょう(野球場) → <u>yakyûjô</u>　（yakyūjō）

▶英語でも通じるような日本語の言葉には，「＾」や「￣」をつけずに書くことがあります。

　　れい　すもう → <u>sumo</u>

つまる音の書き方

▶つまる音「っ」は，その次の音のはじめの字を重ねて表します。

　　れい　はっぱ(葉っぱ) → <u>happa</u>

　　　　　　あさって → <u>asatte</u>

▶「っ」が「ch」の前にくるときには，「t」をつけて表します。次の音のはじめの字である「c」を重ねて書かないよう，気をつけましょう。

　　れい　けっちゃく → <u>ketchaku</u>

　　　　　　しゅっちょう → <u>syutchô</u>

＊つまる音の書き方は特にまちがえやすいため，しっかりと整理をしながら練習していきましょう。

1 次の言葉のあいているところに，大文字のときは大文字，小文字のときは小文字でローマ字を書き，1回練習しましょう。

① とうふ
FU

② ようふく
fuku

③ おかあさん
o　san

④ ラッコ
RA　KO

⑤ ばった
ba　ta

⑥ せっけん
se　ken

2 次の言葉をなぞって書き，読みがなをひらがなで（　）に書きましょう。

① RAPPA
（　　　　　　）

② KITTE
（　　　　　　）

③ nattô
（　　　　　　）

④ gakkô
（　　　　　　）

が GA ga

GA GA

ga ga

が く
GAKU

gaku

か が み
KAGAMI

kagami

ぎ GI gi

GI GI

gi gi

か ぎ
KAGI

kagi

ぎ ん こう
GINKÔ

ginkô

のばす音は，母音の上に「＾」または「￣」をつけます。

ぐ GU gu

GU GU

gu gu

か ぐ
KAGU

kagu

え の ぐ
ENOGU

enogu

34

げ
GE ge

GE

ge

<ruby>げ<rt></rt></ruby><ruby>た<rt></rt></ruby> GETA

geta

<ruby>か<rt></rt></ruby><ruby>げ<rt></rt></ruby> KAGE

kage

ご
GO go

GO

go

<ruby>ご<rt></rt></ruby><ruby>は<rt></rt></ruby><ruby>ん<rt></rt></ruby> GOHAN

gohan

<ruby>ご<rt></rt></ruby><ruby>み<rt></rt></ruby> GOMI

gomi

↺ ふくしゅうしよう

GA GI GU GE GO ga gi gu ge go

GA GI GU GE GO ga gi gu ge go

ざ
ZA za

ZA ZA

za za

ざぶとん
ZABUTON
zabuton

ひざ
HIZA
hiza

じ
JI ji

JI JI

ji ji

じかん
JIKAN
jikan

くじら
KUJIRA
kujira

ず
ZU zu

ZU ZU

zu zu

すず
SUZU
suzu

1 2 3
10 11

かず
KAZU
kazu

ぜ
ZE ze

ZE ZE

ze ze

か　ぜ
KAZE

kaze

ぜ　ん　ざ　い
ZENZAI

zenzai

ぞ
ZO zo

ZO ZO

zo zo

ぞ　う
ZÔ

zô

か　ぞ　く
KAZOKU

kazoku

のばす音は，母音（ぼいん）の上に「＾」または「˜」をつけます。

↻ ふくしゅうしよう

ZA	JI	ZU	ZE	ZO	za	ji	zu	ze	zo
ZA	JI	ZU	ZE	ZO	za	ji	zu	ze	zo

だ
DA da

DA   DA
da   da

だいこん
DAIKON
daikon

だるま
DARUMA
daruma

ぢ
JI ji

JI   JI
ji   ji

はなぢ
HANAJI
hanaji

ちぢむ
CHIJIMU
chijimu

づ
ZU zu

ZU   ZU
zu   zu

おりづる
ORIZURU
orizuru

かんづめ
KANZUME
kanzume

で
DE de

DE DE

de de

でんわ
DENWA

denwa

でんち
DENCHI

denchi

ど
DO do

DO DO

do do

どんぐり
DONGURI

donguri

まど
MADO

mado

↻ ふくしゅうしよう

DA JI ZU DE DO da ji zu de do

DA JI ZU DE DO da ji zu de do

ば BA ba

BA
ba

ばね
BANE
bane

こくばん
KOKUBAN
kokuban

び BI bi

BI
bi

びん
BIN
bin

おび
OBI
obi

ぶ BU bu

BU
bu

ぶた
BUTA
buta

ぶらんこ
BURANKO
buranko

べ
BE be

BE BE

be be

せんべい
SEMBEI

sembei

かべ
KABE

kabe

ぼ
BO bo

BO BO

bo bo

つぼ
TSUBO

tsubo

ズボン
ZUBON

zubon

↺ ふくしゅうしよう

BA BI BU BE BO ba bi bu be bo

BA BI BU BE BO ba bi bu be bo

ぱ
PA pa

PA PA

pa pa

PAN（パン）

pan

KAPPA（かっぱ）

kappa

つまる音「っ」は，次の音のはじめの字を重ねて表します。

ぴ
PI pi

PI PI

pi pi

HAPPI（はっぴ）

happi

EMPITSU（えんぴつ）

empitsu

「ん(n)」は，「b・m・p」の前では「m」で表します。

ぷ
PU pu

PU PU

pu pu

PURIN（プリン）

purin

TEMPURA（てんぷら）

tempura

ぺ
PE pe

PE　PE

pe　pe

てっぺん
TEPPEN

teppen

ほっぺた
HOPPETA

hoppeta

ぽ
PO po

PO　PO

po　po

しっぽ
SHIPPO

shippo

さんぽ
SAMPO

sampo

🔄 ふくしゅうしよう

PA PI PU PE PO pa pi pu pe po

PA PI PU PE PO pa pi pu pe po

43

1 絵を見て，大文字のときは大文字，小文字のときは小文字でローマ字を書き，言葉(ことば)を完成(かんせい)させましょう。

① さ　る　**RU**　　　ざ　る　**RU**

② か　き　**KA**　　　か　ぎ　**KA**

③ て　ん　き　**nki**　　　で　ん　き　**nki**

④ こ　ま　**ma**　　　ご　ま　**ma**

2 次(つぎ)の言葉(ことば)と対(つい)になる言葉(対義語(たいぎご)といいます)を書きましょう。

① **migi**　みぎ　⟷　ひだり

② **maru**　まる　⟷　ばつ

③ **mae**　まえ　⟷　うしろ

きゃ
KYA kya

KYA KYA

kya kya

きゅ
KYU kyu

KYU KYU

kyu kyu

きょ
KYO kyo

KYO KYO

kyo kyo

キャ ベ ツ
KYABETSU

kyabetsu

きゅう り
KYÛRI

kyûri

きゅう きゅう しゃ
KYUKYÛSHA

kyûkyûsha

きょう か しょ
KYÔKASHO

kyôkasho

| しゃ SHA sha | SHA | SHA | |
| | sha | sha | |

| しゅ SHU shu | SHU | SHU | |
| | shu | shu | |

| しょ SHO sho | SHO | SHO | |
| | sho | sho | |

しゃ　し　ん
SHASHIN

shashin

か　い　しゃ
KAISHA

kaisha

しょう　ぼう　しゃ
SHÔBÔSHA

shôbôsha

しゅ　く　だ　い
SHUKUDAI

shukudai

| ちゃ CHAcha | CHA CHA |
| chu | cha cha |

ちゃ CHAcha

CHA CHA

cha cha

ちゅ CHUchu

CHU CHU

chu chu

ちょ CHOcho

CHO CHO

cho cho

お も ちゃ
OMOCHA

omocha

ちゃ わ ん
CHAWAN

chawan

ちゅう しゃ
CHÛSHA

chûsha

ちょう ちょう
CHÔCHÔ

chôchô

にゃ
NYA nya

NYA NYA

nya nya

にゅ
NYU nyu

NYU NYU

nyu nyu

によ
NYO nyo

NYO NYO

nyo nyo

こ ん にゃ く
KONNYAKU

konnyaku

によ ろ によ ろ
NYORONYORO

nyoronyoro

ぎゅう にゅう
GYÛNYÛ

gyûnyû

にゅう が く
NYÛGAKU

nyûgaku

| ひゃ HYA hya | HYA　HYA | |
| hya　hya | |

| ひゅ HYU hyu | HYU　HYU | |
| hyu　hyu | |

| ひょ HYO hyo | HYO　HYO | |
| hyo　hyo | |

ひゃ く て ん
HYAKUTEN

hyakuten

ひゅう　ひゅう
HYÛHYÛ

hyûhyû

ど　　ひょう
DOHYÔ

dohyô

も　く　ひょう
MOKUHYÔ

mokuhyô

| みゃ MYA mya | MYA | MYA | |
| | mya | mya | |

| みゅ MYU myu | MYU | MYU | |
| | myu | myu | |

| みょ MYO myo | MYO | MYO | |
| | myo | myo | |

さ　ん　　み ゃ　　く
SAMMYAKU
sammyaku

み ゃ　　く
MYAKU
myaku

だ　い　　み ょ う
DAIMYÔ
daimyô

み ょ う　　じ
MYÔJI
myôji

50

りゃ
RYA rya

RYA   RYA

rya   rya

りゅ
RYU ryu

RYU   RYU

ryu   ryu

りょ
RYO ryo

RYO   RYO

ryo   ryo

きょう゛　りゅう゛
KYÔRYU

kyôryû

しょう゛　りゃ　く
SHÔRYAKU

shôryaku

りょう゛　り
RYÔRI

ryôri

りょ　こう゛
RYOKÔ

ryokô

| ぎゃ
GYA gya | GYA | GYA | | |
| | gya | gya | | |

| ぎゅ
GYU gyu | GYU | GYU | | |
| | gyu | gyu | | |

| ぎょ
GYO gyo | GYO | GYO | | |
| | gyo | gyo | | |

ぎゅう に く
GYÛNIKU

gyûniku

ぎゅう ど ん
GYÛDON

gyûdon

き ん ぎょ
KINGYO

kingyo

ぎゃ く て ん
GYAKUTEN

gyakuten

52

| じゃ (ぢゃ) JA ja | JA | JA | | |
| | ja | ja | | |

| じゅ (ぢゅ) JU ju | JU | JU | | |
| | ju | ju | | |

| じょ (ぢょ) JO jo | JO | JO | | |
| | jo | jo | | |

く じゃ く
KUJAKU

kujaku

じゃ ん け ん
JANKEN

janken

じゅう どう
JÛDÔ

jûdô

じょう ろ
JÔRO

jôro

びゃ
BYA bya

BYA　BYA

bya　bya

びゅ
BYU byu

BYU　BYU

byu　byu

びょ
BYO byo

BYO　BYO

byo　byo

びゅう　　びゅう
BYÛBYU

byûbyû

さ　ん　びゃ　く
SAMBYAKU

sambyaku

びょう　　い　ん
BYÔIN

byôin

が　　びょう
GABYÔ

gabyô

 **ぴゃ**
PYA pya

PYA　PYA

pya　pya

 **ぴゅ**
PYU pyu

PYU　PYU

pyu　pyu

ぴょ
PYO pyo

PYO　PYO

pyo　pyo

は　っ　ぴゃ　く
HAPPYAKU

happyaku

ぴゅう　ぴゅう
PYÛPYÛ

pyûpyû

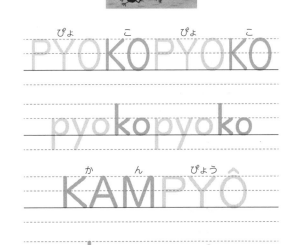

ぴょ　こ　ぴょ　こ
PYOKOPYOKO

pyokopyoko

か　ん　ぴょう
KAMPYÔ

kampyô

55

1 次の言葉をなぞって書き，読みがなをひらがなで（ ）に書きましょう。

① DENSHA （　　　）
② NINGYO （　　　）
③ ryôshi （　　　）
④ kabocha （　　　）
⑤ kambyô （　　　）
⑥ jagaimo （　　　）

2 次の言葉をなぞって書き，関係のある言葉を─でむすびましょう。

れい neko ●———● nyânyâ

① kaeru ●　　　● chokichoki
② hasami ●　　　● gekogeko
③ suzume ●　　　● nyoronyoro
④ hebi ●　　　● chunchun

答え 1 ①でんしゃ ②にんぎょう ③りょうし ④かぼちゃ ⑤かんびょう ⑥じゃがいも 2 ①gekogeko ②chokichoki ③chunchun ④nyoronyoro

[　月　　日]

3 次の言葉のあいているところに，大文字のときは大文字，小文字のときは小文字でローマ字を書き，1回練習しましょう。

① ぎゅう　にゅう
GYÛ

② シュー　マイ
　　　MAI

③ じ　どう　しゃ
jidô

④ ど　ひょう
do

4 仲間ではないものを1つさがし，それぞれ○をつけましょう。

① kyûri　sakurambo　daikon　ninjin

② ramune　sembei　chawan　gyôza

③ dachô　iruka　kujira　azarashi

④ kutsushita　zubon　yukata　empitsu

5 昔話「ももたろう」で，おにたいじに行った動物をすべてえらび○をつけましょう。

USAGI　INU　HITSUJI
SARU　ITACHI　KIJI
ROBA　YAGI　RAKUDA

✏️ 人名・地名や文を書くときのきまり

人名・地名や文の書き方には，次のようなきまりがあります。

人名・地名の書き方

▶はじめの字は，大文字で書きます。

れい　いのうえ　あきこ → <u>Inoue Akiko</u>

＊名字と名前を書くときには間をあけて，それぞれのはじめの字を大文字で
書きます。

おきなわ → <u>Okinawa</u>

▶のばす音は，「＾」や「￣」をつけずに書くことがあります。

れい　かとう　しょうた → <u>Kato Shota</u>

とうきょう(東京) → <u>Tokyo</u>

▶「−(ハイフン)」を使って，言葉と言葉をつなぐことがあります。

れい　まえだ　けんた → <u>Maeda−Kenta</u>

こうべし(神戸市) → <u>Kobe−shi</u>

文の書き方

▶はじめの字は，大文字で書きます。

▶１語ずつ間をあけて書きます。

▶終わりには，「.(ピリオド)」を書きます。わかるように，はっきりと書きましょう。

れい　ぼくは　こうえんに　いく。(ぼくは公園に行く。)

→ <u>Boku wa kôen ni iku.</u>

きょうの　てんきは　はれです。(今日の天気は晴れです。)

→ <u>Kyô no tenki wa hare desu.</u>

1 自分の名前を，ローマ字で書きましょう。

2 おうちの人や友だち，2名の名前をローマ字で書きましょう。

3 次の地名をなぞって書き，読みがなをひらがなで（　）に書きましょう。

① Sapporo-shi

（　　　　　　　　　　　　　　　　　　）

② Kyôto

（　　　　　　　　　）

③ Fujisan

（　　　　　　　　　）

4 次の文のあいているところにローマ字を書き，文を完成させましょう。

① 鳥が鳴く。

ga

② わたしは小学生です。

wa

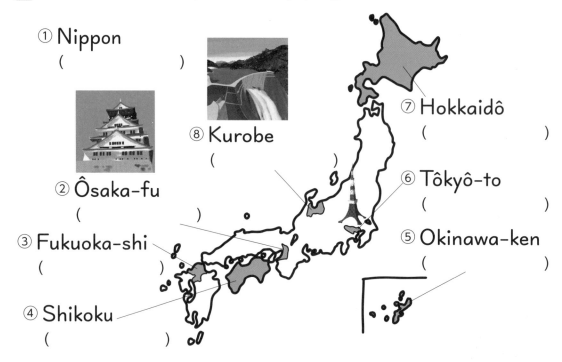

✎ まとめて練習しよう ❶

1 次の地名の読みがなを、ひらがなで（　）に書きましょう。

① Nippon
（　　　　　　）

⑧ Kurobe
（　　　　　　）

⑦ Hokkaidô
（　　　　　　　　　）

② Ôsaka-fu
（　　　　　　）

⑥ Tôkyô-to
（　　　　　　　　）

③ Fukuoka-shi
（　　　　　　）

⑤ Okinawa-ken
（　　　　　　　　　）

④ Shikoku
（　　　　　　）

2 次の住所と名前の読みがなを（　）に書きましょう。

Hyôgo-ken　Kôbe-shi

Kita-machi　3-chôme　5-ban

Satô Mai

（　　　　　　　　　　　　　　　　　　　　　　　　　）

3 自分の住所を、ローマ字で書きましょう。

4 次の言葉を，ローマ字の小文字で書きましょう。

①
ふとん
_____

「ふ」は「fu」と書くよ。

②
きしゃ
_____

③
つくし
_____

④
ひつじ
_____

⑤
にんじゃ
_____

⑥
いちょう
_____

⑦
じゃんけん
_____

5 〜〜線の部分に注意して，次の言葉の読みがなをひらがなで（　）に書きましょう。

①
matchi
（　　　　　　　）

小さい「っ」が「ch」の前にくるときは，「t」をつけて書き表そう。

②
itchaku
（　　　　　　　）

③
patchiri
（　　　　　　　）

④
hetchara
（　　　　　　　）

まとめて練習しよう ❷

1 絵に合うローマ字の記号に○をつけましょう。

① 　　　　　{ ア empitsu
　　　　　　{ イ enpitsu

② 　　　　　{ ア tombo
　　　　　　{ イ tonbo

③ 　　　　　{ ア nimjin
　　　　　　{ イ ninjin

④ 　　　　　{ ア onpu
　　　　　　{ イ ompu

⑤ 　　　　　{ ア shinkansen
　　　　　　{ イ shinkamsen

b,p,mの前にくる「n」は「m」で表すよ。

2 次の文の読み方を，すべてひらがなで（　）に書きましょう。

① Inu no namae wa Hana desu.

（　　　　　　　　　　　　　　　　　　　　　　　　　　　　）

② Watashi wa ichigo ga suki da.

（　　　　　　　　　　　　　　　　　　　　　　　　　　　　）

③ Boku wa yukidaruma o tsukutta.

（　　　　　　　　　　　　　　　　　　　　　　　　　　　　）

④ Suzume ga chunchun to naku.

（　　　　　　　　　　　　　　　　　　　　　　　　　　　　）

⑤ Kazoku de yama ni nobotta.

（　　　　　　　　　　　　　　　　　　　　　　　　　　　　）

（答え）**1** ①イ ②イ ③イ ④イ ⑤ア **2** ①いぬのなまえははなです。 ②わたしはいちごがすきだ。 ③ぼくはゆきだるまをつくった。 ④すずめがちゅんちゅんとなく。 ⑤かぞくでやまにのぼった。

3　次のクイズの答えを，ローマ字で書きましょう。

れい　Kubi no nagai dôbutsu wa?

（答え）　kirin

① Natsu ni saku kiiroi ookina hana wa?

（答え）

② Nippon de ichiban takai yama wa?

（答え）

③ Hana no nagai dôbutsu wa?

（答え）

④ Fuyu ni sora kara furu shiroi mono wa?

（答え）

4　次の文を，ローマ字で書きましょう。
① うめぼしはすっぱい食べ物だ。

② わたしは赤いおり紙を買った。

③ ぼくははじめてほたるを見た。

ローマ字入力の仕方

▶パソコンに文字を入力するときは，「キーボード」を使います。

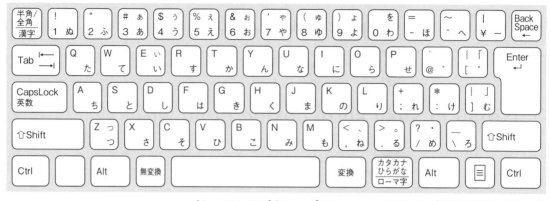

（キーのならび方は，パソコンにより少しちがう場合があります。）

▶ローマ字入力は，かな書きのとおりに入力します。

> **れい**　「おにぎり」 onigiri　→　| O | N | I | G | I | R | I |
> お　　に　　ぎ　　り

▶ローマ字での書き方が 2 つあるものは，ヘボン式・訓令式のどちらでも入力することができます。

> **れい**　「すし」 sushi（ヘボン式）→　| S | U | S | H | I |
> す　　し
>
> 　　　　　susi（訓令式）　→　| S | U | S | I |
> す　　し

▶のばす音は，「ー」を使います。

> **れい**　「ジュース」 jûsu　→　| J | U | ー | S | U |
> ジュ　　ー　　ス
>
> ※ | = ／ - ほ | のボタンで入力します。

▶もともと日本にある言葉ののばす音は，かな書きのとおりに入力します。

> **れい**　「おおかみ」 ôkami　→　| O | O | K | A | M | I |
> お　　お　　か　　み

▶「ん」は「NN」，「を」は「WO」で入力します。

> **れい**　「にんじん」 ninjin　→　| N | I | N | N | J | I | N | N |
> に　　　ん　　　じ　　　ん

▶「ぢ」は「DI」，「づ」は「DU」で入力します。

> **れい**　「はなぢ」 hanaji　→　| H | A | N | A | D | I |
> は　　な　　ぢ